Adan the Adventurous Tomte And Other Bilingual Swedish-English Stories for Kids

Pomme Bilingual

Published by Pomme Bilingual, 2024.

ADAN THE ADVENTUROUS TOMTE AND OTHER BILINGUAL SWEDISH-ENGLISH STORIES FOR KIDS

First edition. September 26, 2024.

ISBN: 979-8227487773

Written by Pomme Bilingual.

Table of Contents

Det Mystiska Fallet med den Försvunna Midsommartårtan

Det var en gång, i den charmiga lilla byn Småstaden i Sverige, där solen sken klart medan byborna förberedde sig för deras favoritfestival—Midsommar! Luften var fylld av den söta doften av blommor, och barnens glada sånger ekade genom gatorna. Alla var uppspelta, men ingen mer än den unga Linnea, som bubblade av energi.

Linnea var en livlig flicka med vilt, lockigt hår som hoppade upp och ner när hon skuttade längs kullerstensvägarna. Hon hade ett hjärta fullt av äventyr och en näsa för bus. Denna Midsommar var speciell eftersom hon hade anmält sig till den årliga tårtävlingen, och hennes mormors berömda jordgubbsgräddtårta var förutbestämd att bli stjärnan!

"Linnea, kom och hjälp mig med tårtan!" ropade hennes mormor, en snäll kvinna med tindrande ögon som glittrade som stjärnor. Hon bar ett blommigt förkläde och var upptagen med att vispa grädde i köket, omgiven av burkar med färgglatt strössel och jordgubbar.

"Jag kommer, mormor!" ropade Linnea och rusade in i den mysiga stugan.

Tillsammans blandade de mjöl, socker och smör, medan Linnea smög i sig skedar av smet när mormor inte tittade. När de dekorerade tårtan med färska jordgubbar och vispgrädde kände Linnea sig stolt. Denna tårta skulle bli den bästa någonsin!

Efter flera timmars bakning var tårtan klar. Den stod ståtlig på köksbordet, prydd med de mognaste jordgubbarna och ett fint strössel av socker som glittrade som älvstoft. Linneas hjärta svällde av glädje. "Alla kommer att älska den, mormor!" strålade hon.

"Låt oss hålla den säker tills festivalen, kära," sa hennes mormor och lade ett skyddande lock över tårtan. "Vi vill inte att några envisa små varelser ska komma åt den."

Men just när de skulle lämna köket, hördes ett högt kraschande ljud genom rummet! Linnea hoppade till och hennes hjärta rusade. Vad kunde det vara?

De kikade runt hörnet och såg en liten, fluffig varelse med lysande blå päls stå uppe på köksbordet, med sina små tassar vilande på tårtan! Det var en busig liten troll vid namn Torsten, känd i hela Småstaden för sin kärlek till sötsaker.

"Åh nej! Torsten!" ropade Linnea, "Bort från tårtan!"

Men Torsten bara fnittrade, hans runda kinder fyllda med tårta medan han tog en tugga till. "Mums!" pep han, med smulor som flög överallt.

Linneas mormor flämtade, "Torsten! Den där är till tårtävlingen! Du kan inte äta den!"

När Torsten insåg i vilken knipa han befann sig, vidgades hans ögon av panik. Han hoppade ner från bordet och lämnade ett spår av klibbiga smulor efter sig. "Jag menade inte det! Jag trodde att den var till mig!" pep han, med rösten fylld av uppriktighet.

"Vi måste fånga honom!" sa Linnea, med beslutsamhet i blicken. "Om han äter upp hela tårtan, kommer vi aldrig att vinna tävlingen!"

Och så började jakten! Torsten for runt i köket, smet bakom kastruller och stekpannor, medan Linnea och hennes mormor följde tätt efter. Trollet var snabbt och listigt, men Linnea hade en plan.

"Mormor, ta honungsburken!" ropade hon, medan hennes hjärna gick på högvarv. Om Torsten älskade sötsaker, kanske en fälla gjord av honung skulle fungera!

Hennes mormor nickade och ryckte snabbt en burk från hyllan. De hällde honung i en linje som ledde utanför, i hopp om att locka det lilla trollet bort från den dyrbara tårtan.

Torsten kikade runt ett hörn, med ögon som glittrade av nyfikenhet. "Vad är det här?" undrade han och sniffade på den klibbiga sötman. Han kunde inte motstå! Han skuttade över till honungsspåret och slickade ivrigt på det.

Linnea och hennes mormor utbytte triumferande blickar. "Nu, låt oss se om vi kan leda honom till trädgården!" viskade Linnea.

När Torsten följde honungsspåret, smög Linnea och hennes mormor tyst ut bakom honom, försökte hålla jämna steg utan att bli upptäckta. Trollet var helt fokuserat på sin godbit och märkte inte dem när han vaggade ut i det ljusa solskenet.

De kom fram till trädgården, fylld med färgglada blommor som svajade i den milda brisen. Linnea fick en lysande idé! "Låt oss bygga en liten fälla!" viskade hon upphetsat. De samlade snabbt några blommor, kvistar och en korg för att skapa en mysig liten gömställe.

Precis när de var klara, vände sig Torsten om och märkte att han hade vandrat för långt från tårtan. Hans stora ögon vidgades av insikt. "Åh nej! Tårtan!" pep han och vände sig om för att rusa tillbaka till stugan.

"Inte så snabbt, Torsten!" ropade Linnea och hoppade framför honom.

Trollet stannade, och hans ansikte föll samman. "Jag menade inte att ställa till med problem! Jag ville bara smaka lite på tårtan!"

"Bara smaka?" Linnea höjde ett ögonbryn. "Du åt upp halva den!"

"Men den var så utsökt! Jag kunde inte låta bli!" gnällde Torsten och såg helt besegrad ut.

Linnea stannade upp. Hon kände ett sting av sympati för det lilla trollet. "Vad sägs om att du hjälper oss istället? Om du lovar att inte äta mer, kan du följa med oss till festivalen!"

Torstens ögon glittrade av hopp. "Verkligen? Jag skulle älska det! Jag lovar att jag inte ska äta mer av tårtan!"

"Okej då! Låt oss arbeta tillsammans!" sa Linnea med ett leende.

De tre skyndade sig tillbaka till stugan, där tårtan fortfarande stod, men nu var den täckt av smulor. De vispade snabbt upp en ny sats grädde och dekorerade tårtan igen, med Torsten som hjälpte ivrigt och var noga med att inte smaka denna gång.

Medan de arbetade berättade Torsten historier om sina äventyr i skogen, vilket fick Linnea och hennes mormor att skratta. Det lilla trollet var en riktig underhållare, och snart fnissade de alla tillsammans.

Till slut var tårtan klar, och den såg ännu mer spektakulär ut än tidigare. De steg tillbaka för att beundra sitt arbete. "Den ser fantastisk ut!" utropade Linnea, med hjärtat fullt av spänning.

"Nu tar vi den till festivalen!" sa hennes mormor, och de gav sig av, med Torsten som studsade bredvid dem, hans små fötter trippande på stigen.

När de kom fram till bytorget var midsommarfirandet i full gång. Färgglada dekorationer hängde från varje träd, och lukten av grillade korvar fyllde luften. Barn dansade runt midsommarstången, och skratt ekade i den soliga dagen.

Linnea och hennes mormor rullade in tårtan i mitten av firandet, där andra bybor hade samlats. Alla flämtade när de fick syn på den vackra tårtan.

"Wow! Vilket fantastiskt skapelse!" ropade en gammal kvinna vid namn Agnetha, känd för sin bakningskonst. "Har du gjort den, Linnea?"

"Ja! Med lite hjälp från Torsten!" svarade Linnea och pekade på det lilla trollet som stod stolt bredvid henne.

Agnetha skrattade, "Ja, jag måste säga att det trollet verkligen kan hjälpa till med bakningen!"

De placerade tårtan på ett långt bord fyllt med andra läckerheter, och Linnea kände en våg av spänning skölja över sig. Det här var det! Ögonblicket hon hade väntat på!

Tårttävlingen började, och en efter en presenterade bagarna sina mästerverk. Det fanns alla möjliga sorters läckerheter: chokladtårtor, hallonpajer och till och med ett tornande osthjul som fick alla att skratta. Men ingen kunde mäta sig med Linneas skapelse.

När det var deras tur steg Linnea och hennes mormor stolt fram. Publiken lutade sig framåt, ivriga att se vad de hade gjort. När de avtäckte tårtan föll det en tystnad över folkmassan. Jordgubbarna glittrade i solljuset, och grädden såg fluffig ut som moln.

"Det där är vad jag kallar en tårta!" utbrast en bybo och klappade sina händer av glädje.

Domarna smakade på tårtan, deras ögon vidgades av förvåning. "Utsökt!" utropade de en efter en. "Vilken perfekt blandning av smaker!"

Efter mycket överläggande meddelade domarna äntligen vinnarna. Linneas hjärta slog snabbare när hon lyssnade. "Och vinnarna av årets tårttävling är... Linnea och hennes mormor!"

Hurrarop bröt ut från folkmassan, och Linnea hoppade av glädje. Hon kramade sin mormor hårt och kände en våg av lycka. Torsten gjorde en liten dans, snurrande runt dem av glädje.

"Tack, alla tillsammans!" sa Linnea, hennes röst ekade av spänning. "Och ett särskilt tack till Torsten för hjälpen!"

Det lilla trollet strålade av stolthet och vinkade till byborna, som alla log tillbaka mot honom. De var inte längre bara en tårntyv; han hade blivit en vän.

När solen började gå ner fortsatte festligheterna med musik och dans, och Linnea, hennes mormor och Torsten deltog. De dansade runt midsommarstången, och deras skratt ekade genom byn.

Den kvällen, med stjärnorna som tindrade ovanför dem, såg Linnea på sina vänner och kände sig tacksam. Denna midsommar hade förvandlats till ett stort äventyr, fyllt med skratt, vänskap och den sötaste tårtan som någon någonsin hade smakat.

Och så, i hjärtat av Småstaden, blev den nyfikna historien om den saknade midsommartårtan en legendarisk berättelse, som berättades och återberättades i generationer framöver, påminde alla om att ibland leder lite bus till de sötaste minnena av alla.

The Curious Case of the Missing Midsummer Cake

Once upon a time, in the charming little village of Småstaden in Sweden, the sun shone brightly as the villagers prepared for their favorite festival—Midsummer! The air was filled with the sweet scent of flowers, and the cheerful songs of children echoed through the streets. Everyone was excited, but none more than young Linnea, who was bubbling with energy.

Linnea was a spirited girl with wild, curly hair that bounced as she skipped down the cobblestone paths. She had a heart full of adventure and a nose for mischief. This Midsummer was special because she had entered the annual cake competition, and her grandmother's famous strawberry cream cake was destined to be the star!

"Linnea, come help me with the cake!" called her grandmother, a kind woman with twinkling eyes that sparkled like stars. She wore a flowery apron and was busy whisking cream in the kitchen, surrounded by jars of colorful sprinkles and strawberries.

"Coming, Grandma!" Linnea shouted, racing into the cozy cottage.

Together, they mixed flour, sugar, and butter, with Linnea sneaking spoonfuls of batter when her grandmother wasn't looking. As they decorated the cake with fresh strawberries and whipped cream, Linnea felt proud. This cake was going to be the best ever!

After hours of baking, the cake was ready. It stood tall on the kitchen table, adorned with the ripest strawberries and a delicate sprinkle of sugar that glistened like fairy dust. Linnea's heart swelled with joy. "Everyone will love it, Grandma!" she beamed.

"Let's keep it safe until the festival, dear," her grandmother said, placing a protective cover over the cake. "We don't want any pesky creatures getting to it."

But just as they were about to leave the kitchen, a loud crash echoed through the room! Linnea jumped, and her heart raced. What could it be?

They peeked around the corner and saw a small, fluffy creature with bright blue fur standing atop the kitchen table, its tiny paws resting on the cake! It was a mischievous little troll named Torsten, known throughout Småstaden for his love of sweets.

"Oh no! Torsten!" Linnea shouted, "Get away from that cake!"

But Torsten only giggled, his round cheeks bulging with cake as he took another bite. "Yummy!" he squeaked, crumbs flying everywhere.

Linnea's grandmother gasped, "Torsten! That's for the cake competition! You can't eat it!"

Realizing the trouble he was in, Torsten's eyes widened in panic. He leaped off the table, leaving a trail of sticky crumbs behind him. "I didn't mean to! I thought it was for me!" he squeaked, his voice filled with sincerity.

"We need to catch him!" Linnea said, determination in her eyes. "If he eats the whole cake, we'll never win the competition!"

And so, the chase began! Torsten zipped around the kitchen, darting behind pots and pans, while Linnea and her grandmother followed closely. The troll was quick and clever, but Linnea had a plan.

"Grandma, grab the honey jar!" she yelled, her mind racing. If Torsten loved sweets, then maybe a trap made of honey would work!

Her grandmother nodded and quickly snatched a jar from the shelf. They poured honey in a line leading outside, hoping to lure the little troll away from the precious cake.

Torsten peeked around a corner, his eyes sparkling with curiosity. "What's this?" he wondered, sniffing the sticky sweetness. He couldn't resist! He scampered over to the honey trail, licking it eagerly.

Linnea and her grandmother exchanged triumphant glances. "Now, let's see if we can lead him to the garden!" Linnea whispered.

As Torsten followed the honey trail, Linnea and her grandmother quietly snuck out behind him, trying to keep up without being noticed. The troll was completely focused on his treat and didn't see them as he waddled out into the bright sunshine.

They reached the garden, filled with colorful flowers swaying in the gentle breeze. Linnea had a brilliant idea! "Let's build a little trap!" she whispered excitedly. They quickly gathered some flowers, twigs, and a basket to create a cozy little hiding spot.

Just as they finished, Torsten turned around, noticing that he had wandered too far from the cake. His big eyes widened with realization. "Oh no! The cake!" he squeaked, turning to dash back to the cottage.

"Not so fast, Torsten!" Linnea called out, jumping in front of him.

The troll stopped, his face falling. "I didn't mean to cause trouble! I just wanted to taste a bit of the cake!"

"Just a taste?" Linnea raised an eyebrow. "You ate half of it!"

"But it was so delicious! I can't help it!" Torsten whined, looking utterly defeated.

Linnea paused. She felt a twinge of sympathy for the little troll. "What if you helped us instead? If you promise not to eat any more, you can join us at the festival!"

Torsten's eyes sparkled with hope. "Really? I'd love that! I promise I won't eat the cake again!"

"Okay, then! Let's work together!" Linnea said with a grin.

The three of them hurried back to the cottage, where the cake still sat, though now it was covered in crumbs. They quickly whipped up another batch of cream and decorated the cake once more, with Torsten assisting eagerly, careful not to nibble this time.

As they worked, Torsten shared stories of his adventures in the woods, making Linnea and her grandmother laugh. The little troll was quite the entertainer, and soon they were all giggling together.

Finally, the cake was ready, looking even more spectacular than before. They all stood back to admire their handiwork. "It looks amazing!" Linnea exclaimed, her heart soaring with excitement.

"Now, let's get it to the festival!" her grandmother said, and they set off, Torsten bouncing beside them, his tiny feet pattering on the path.

When they arrived at the village square, the Midsummer festivities were in full swing. Colorful decorations hung from every tree, and the smell of grilled sausages filled the air. Children danced around the maypole, laughter ringing in the sun-drenched day.

Linnea and her grandmother wheeled the cake into the center of the celebration, where other villagers had gathered. Everyone gasped as they caught sight of the beautiful cake.

"Wow! What a stunning creation!" called an old woman named Agnetha, known for her baking prowess. "Did you make that, Linnea?"

"Yes! With a little help from Torsten!" Linnea beamed, pointing to the small troll standing proudly beside her.

Agnetha chuckled, "Well, I must say, that troll certainly knows how to help with baking!"

They placed the cake on a long table filled with other delightful treats, and Linnea felt a thrill of excitement wash over her. This was it! The moment she had been waiting for!

The cake competition began, and one by one, the bakers presented their masterpieces. There were all sorts of delicious treats: chocolate cakes, raspberry tarts, and even a towering cheese wheel that made everyone laugh. But none could compare to Linnea's creation.

When it was their turn, Linnea and her grandmother proudly stepped forward. The crowd leaned in, eager to see what they had made. As they unveiled the cake, a hush fell over the crowd. The strawberries glistened in the sunlight, and the whipped cream looked as fluffy as clouds.

"Now that is what I call a cake!" a villager exclaimed, clapping his hands in delight.

The judges tasted the cake, their eyes widening in surprise. "Delicious!" they exclaimed, one after another. "What a perfect blend of flavors!"

After much deliberation, the judges finally announced the winners. Linnea's heart raced as she listened. "And the winner of this year's cake competition is... Linnea and her grandmother!"

Cheers erupted from the crowd, and Linnea jumped with joy. She hugged her grandmother tightly, feeling a rush of happiness. Torsten did a little dance, twirling around them with glee.

"Thank you, everyone!" Linnea said, her voice ringing with excitement. "And a special thanks to Torsten for helping!"

The little troll beamed with pride, waving at the villagers, who all smiled back at him. They were no longer just the cake-stealing troublemaker; he had become a friend.

As the sun began to set, the festivities continued with music and dancing, and Linnea, her grandmother, and Torsten joined in. They danced around the maypole, their laughter echoing through the village.

That evening, with the stars twinkling above them, Linnea looked at her friends and felt grateful. This Midsummer had turned into a grand adventure, filled with laughter, friendship, and the sweetest cake anyone had ever tasted.

And so, in the heart of Småstaden, the curious case of the missing Midsummer cake became a legendary tale, told and retold for generations to come, reminding everyone that sometimes, a little mischief leads to the sweetest memories of all.

Glassmysten

Lilla Sjöstad var en liten, pittoresk by i hjärtat av Sverige. Det var en plats där alla kände alla, och där den största spänningen var ankomsten av sommaren, när hela byn samlades vid sjön för att simma och njuta av solen. Men denna sommar hände något mycket märkligt i Lilla Sjöstad, och det fick alla i byn att prata.

Det hela började när elvaåriga Elsa Andersson gick till den lokala glasskiosken, "Herr Frosts Delikatesser," med sin bästa vän, Oskar. Herr Frost, glassmannen, var känd vida omkring för sina läckra och ovanliga smaker, som "Lingonbärsswirlen" och "Blåbärsexplosion." Men när Elsa och Oskar kom dit, fann de Herr Frost stående utanför sin butik, med en bekymrad min.

"Förlåt, barn," sa Herr Frost med en suck, "ingen glass idag."

"Ingen glass?" utbrast Elsa, med ögonen stora av förvåning. "Men varför, Herr Frost?"

Oskar, som hade drömt om en dubbel kula av "Molnbärsknas", såg lika besviken ut. "Är något fel?"

Herr Frost torkade sin panna med en näsduk. "Jag är rädd för det. Min glass är borta—alla skopor! Varenda en."

"Borta?" upprepade Elsa, förvirrad. "Men hur?"

Herr Frost skakade på huvudet. "Jag vet inte. Jag låste igen i går kväll, som vanligt, och när jag öppnade butiken i morse var frysen tom. Det är som om glassen bara försvann i luften!"

Oskar kliade sig i huvudet. "Det är omöjligt! Glass försvinner inte bara."

Herr Frost suckade igen. "Jag vet, men det är sant. Och utan glass kanske jag måste stänga butiken."

Elsa kunde inte föreställa sig Lilla Sjöstad utan Herr Frosts glass. Hela byn såg fram emot hans delikatesser varje sommar. Något måste göras, och snabbt.

"Oroa dig inte, Herr Frost," sa Elsa, med beslutsamhet i rösten. "Oskar och jag ska reda ut detta. Vi ska ta reda på vad som hände med din glass!"

Herr Frost log svagt. "Tack, Elsa. Jag hoppas bara att ni kan lösa denna gåta."

Med det gav sig Elsa och Oskar av för att undersöka. De bestämde sig för att börja med att intervjua byborna för att se om någon hade sett eller hört något misstänkt. De gick från dörr till dörr, ställde frågor, men alla var lika förvirrade som de själva.

"Nej, jag såg inget ovanligt," sa fru Lindström, bagaren, medan hon knådade deg till sina berömda kanelbullar. "Men jag märkte något konstigt i morse. Min katt, Selma, ville inte röra sin frukost. Hon satt bara där och stirrade ut genom fönstret som om hon hade sett ett spöke!"

"Det är konstigt," mumlade Oskar när de lämnade bageriet. "Tror du att det har något med glassen att göra?"

"Kanske," sa Elsa tankfullt. "Vi borde kolla upp det."

De skyndade sig till fru Lindströms hus, där Selma fortfarande satt vid fönstret, med stora, oföränderliga ögon. Elsa satte sig ner bredvid katten. "Vad såg du, Selma?" frågade hon mjukt.

Selma svarade förstås inte, men hennes svans fladdrade mot fönstret, som om hon uppmanade dem att titta ut. Elsa och Oskar bytte blickar innan de kikade ut genom fönstret.

Fönstret vette mot bytorget, där Herr Frosts glasskiosk stod. Allt såg normalt ut, men Elsa lade märke till något konstigt nära gränden bredvid kiosken. Det fanns ett spår av små, blöta fläckar som ledde bort från bakdörren.

"Se där!" pekade Elsa. "Ser du de fläckarna? De ser ut som... smält glass!"

Oskars ögon vidgades. "Du har rätt! Kanske någon tog glassen ut bakdörren och spillde lite på vägen!"

"Låt oss följa spåret," sa Elsa, hennes hjärta bultande av spänning.

De skyndade sig ut från fru Lindströms hus och följde spåret av smält glass. Fläckarna var svaga, men de ledde dem genom byn och ner en smal, slingrande stig som ledde till skogsbrynet. Träden tornade upp sig över dem, och deras löv viskade i vinden.

"Tror du att glassrånaren gömmer sig i skogen?" frågade Oskar, lite nervöst.

"Det finns bara ett sätt att ta reda på det," svarade Elsa, och försökte låta modigare än hon kände sig.

De fortsatte att följa spåret in i skogen. Stigen blev mörkare när träden tätades, och luften var fylld med ljudet av prasslande löv och avlägsna fågelkvitter. Precis när de trodde att spåret hade försvunnit, fick de syn på något framåt: en liten träkoja, halv gömd bland träden.

"Vem skulle bo så långt här ute?" undrade Oskar högt.

Elsa sneglade med smalnande ögon. "Jag vet inte, men vi kommer snart att få veta."

De smög sig närmare kojan och försökte vara så tysta som möjligt. Dörren var på glänt, och inne i kojan kunde de höra svaga ljud—klirrandet, klaprandet, och det omisskännliga ljudet av... slurpande?

Elsa kikade genom springan i dörren och fick ett ryck av förvåning. Inne i kojan satt en stor, lurvig varelse med långa öron och en buskig svans. Det var inget som Elsa någonsin hade sett förut. Varelsen var böjd över ett bord, med ryggen vänd mot dem, och på bordet stod flera stora behållare med glass—Herr Frosts glass!

"Oskar, titta!" viskade Elsa. "Det måste vara glassrånaren!"

Oskar kikade in och höll på att hoppa ur skorna. "Vad är den där saken?"

"Jag vet inte," svarade Elsa, "men vi måste stoppa den innan den äter all glassen!"

De behövde en plan. Elsa lade märke till en stor säck i hörnet av kojan, antagligen använd för att förvara mat. Om de kunde distrahera varelsen, kanske de kunde stoppa glassen i säcken och göra en snabb flykt.

"Okej, här är planen," viskade Elsa. "Du gör ett ljud för att få dess uppmärksamhet, och jag tar glassen."

Oskar nickade, även om han inte såg särskilt entusiastisk ut över att vara distraktionen. Han plockade upp en liten sten och kastade den in i kojan, där den landade med ett högt klang. Varelsen vände sig om direkt och visade sitt ansikte—ett ansikte som var förvånansvärt sött, med stora, runda ögon och en knappliknande näsa.

Varelsen morrade mjukt, men istället för att rusa mot dem, tveka den, med ögonen som nervöst skannade rummet. Den såg mer rädd ut än arg.

"Nu!" hissade Elsa.

Hon rusade in i kojan och började stoppa in glassbehållarna i säcken så snabbt hon kunde. Varelsen såg på henne, men den rörde sig inte. Den stod bara där, med stora, skrämda ögon.

Elsa pausade, hennes händer svävande över den sista behållaren. "Vänta ett ögonblick," sa hon långsamt. "Jag tror inte den försöker skada någon. Jag tror den bara är hungrig."

Oskar, som hade varit redo att springa, sänkte sina armar. "Tror du det?"

Elsa nickade. "Titta på den. Den är rädd för oss."

Varelsen gnällde mjukt, som för att bekräfta hennes ord.

"Men den stjäla fortfarande glassen," påpekade Oskar.

"Jag vet," sa Elsa, som tänkte intensivt. "Kanske visste den inte var den skulle få mat. Vi borde försöka prata med den."

Elsa tog ett djupt andetag och steg närmare varelsen. "Hej," sa hon försiktigt. "Vi kommer inte att skada dig. Vi vill bara veta varför du tog glassen."

Varelsen blinkade mot henne, och sänkte långsamt sitt huvud, som om den skämdes. Den gjorde några mjuka, grymtande ljud som nästan lät som ord.

Elsas ögon vidgades. "Jag tror att den försöker prata!"

Varelsen grymtade igen, och den här gången kunde Elsa just uppfatta ordet, "Hungrig."

Oskars käke föll. "Sade den precis 'hungrig'?"

"Ja!" utropade Elsa. "Den måste ha varit hungrig, och glassen var den enda maten den kunde hitta."

Varelsen nickade ivrigt, dess öron fladdrade.

"Nåväl, det förklarar varför den tog glassen," sa Oskar och klia sig i huvudet. "Men vad gör vi nu?"

Elsa funderade en stund. "Vi måste ta tillbaka glassen till Herr Frost, men vi kan inte bara lämna denna stackars sak här utan något att äta."

Hon sneglade runt i kojan och fick syn på en korg med bär på en hylla. "Vad sägs om att vi erbjuder den några bär i utbyte mot glassen?"

Varelsens ögon lyste upp vid synen av bären, och den nickade ivrigt.

"Okej, då," sa Elsa med ett leende. "Det är en affär."

Hon räckte korgen med bär till varelsen, och som motprestation sköt den säcken med glass mot dem. Den la till några extra behållare som Elsa inte hade lagt märke till tidigare.

"Tack," sa Elsa, och varelsen svarade med ett mjukt, tacksamt grymtande.

När de lämnade kojan och gick tillbaka mot byn, kunde Oskar inte sluta le. "Jag kan inte tro att vi just förhandlade med en... vad det nu var!"

"Det kan inte jag heller," skrattade Elsa. "Men jag är glad att vi gjorde det. Jag tror att den bara behövde lite hjälp."

När de kom tillbaka till Lilla Sjöstad var hela byn i uppror. Herr Frost hade spridit ordet om den försvunna glassen, och nu var alla oroliga för att sommaren skulle bli förstörd.

Men när Elsa och Oskar kom till torget, släpande säcken bakom sig, hördes ett jubel från folkmassan.

"Se! Det är Elsa och Oskar! De har hittat glassen!" ropade någon.

Herr Frost rusade över, hans ansikte brast ut i ett brett leende. "Ni hittade den! Jag kan inte tro det! Hur gjorde ni det?"

Elsa och Oskar bytte blickar, osäkra på hur de skulle förklara den konstiga varelsen i skogen. "Det är en lång historia," sa Elsa till slut. "Men låt oss bara säga att vi fick en ny vän."

Herr Frost strålade. "Nåväl, hur ni än gjorde det, så är jag bara glad att ha min glass tillbaka. Byggnaden kommer inte att glömma detta!"

Och det gjorde de inte. Den sommaren var glasskiosken mer upptagen än någonsin, och Herr Frost la till en ny smak på sin meny: "Skogsberry Surprise", till ära för den mystiska varelsen som hade hjälpt till att göra sommaren oförglömlig.

När det gäller Elsa och Oskar såg de aldrig varelsen igen, men de visste att den fanns där ute, någonstans i skogen, och levde lyckligt för alltid på en kost av bär—och kanske, bara kanske, en och annan tub glass.

The Ice Cream Mystery

Lilla Sjöstad was a small, picturesque village in the heart of Sweden. It was the kind of place where everyone knew everyone, and where the biggest excitement was the arrival of summer, when the whole town would flock to the lake to swim and enjoy the sunshine. But this summer, something very strange was happening in Lilla Sjöstad, and it had everyone in the village talking.

It all started when eleven-year-old Elsa Andersson went to the local ice cream shop, "Mr. Frost's Delights," with her best friend, Oskar. Mr. Frost, the ice cream man, was known far and wide for his delicious and unusual flavors, like "Lingonberry Swirl" and "Blueberry Burst." But when Elsa and Oskar arrived, they found Mr. Frost standing outside his shop, looking worried.

"Sorry, kids," Mr. Frost said with a sigh, "no ice cream today."

"No ice cream?" Elsa gasped, her eyes widening in disbelief. "But why, Mr. Frost?"

Oskar, who had been dreaming of a double scoop of "Cloudberry Crunch," looked equally disappointed. "Is something wrong?"

Mr. Frost wiped his brow with a handkerchief. "I'm afraid so. My ice cream is gone—all of it! Every last scoop."

"Gone?" Elsa echoed, confused. "But how?"

Mr. Frost shook his head. "I don't know. I locked up last night, as usual, and when I opened the shop this morning, the freezers were empty. It's as if the ice cream just vanished into thin air!"

Oskar scratched his head. "That's impossible! Ice cream doesn't just disappear."

Mr. Frost sighed again. "I know, but it's true. And without ice cream, my shop might have to close."

Elsa couldn't imagine Lilla Sjöstad without Mr. Frost's ice cream. The whole village looked forward to his treats every summer. Something had to be done, and fast.

"Don't worry, Mr. Frost," Elsa said, determination in her voice. "Oskar and I will get to the bottom of this. We'll find out what happened to your ice cream!"

Mr. Frost smiled weakly. "Thank you, Elsa. I just hope you can solve this mystery."

With that, Elsa and Oskar set off to investigate. They decided to start by interviewing the villagers to see if anyone had seen or heard anything suspicious. They went door to door, asking questions, but everyone was as baffled as they were.

"No, I didn't see anything unusual," said Mrs. Lindström, the baker, as she kneaded dough for her famous cinnamon buns. "But I did notice something odd this morning. My cat, Selma, wouldn't touch her breakfast. She just sat there, staring out the window like she'd seen a ghost!"

"That's strange," Oskar muttered as they left the bakery. "Do you think it's connected to the ice cream?"

"Maybe," Elsa said thoughtfully. "We should check it out."

They hurried to Mrs. Lindström's house, where Selma was still sitting by the window, her eyes wide and unblinking. Elsa crouched down beside the cat. "What did you see, Selma?" she asked softly.

Selma didn't answer, of course, but her tail flicked towards the window, as if urging them to look outside. Elsa and Oskar exchanged glances before peering out the window.

The window overlooked the village square, where Mr. Frost's ice cream shop stood. Everything looked normal, but Elsa noticed something strange near the alley beside the shop. There was a trail of small, wet spots leading away from the back door.

"Look!" Elsa pointed out. "Do you see those spots? They look like... melted ice cream!"

Oskar's eyes widened. "You're right! Maybe someone took the ice cream out the back and spilled some on the way!"

"Let's follow the trail," Elsa said, her heart racing with excitement.

They hurried out of Mrs. Lindström's house and followed the trail of melted ice cream. The spots were faint, but they led them through the village and down a narrow, winding path that led to the edge of the forest. The trees loomed overhead, their leaves whispering in the breeze.

"Do you think the ice cream thief is hiding in the forest?" Oskar asked, a little nervously.

"Only one way to find out," Elsa replied, trying to sound braver than she felt.

They continued following the trail into the forest. The path grew darker as the trees thickened, and the air was filled with the sounds of rustling leaves and distant bird calls. Just when they thought the trail had gone cold, they spotted something ahead: a small wooden cabin, half-hidden among the trees.

"Who would live all the way out here?" Oskar wondered aloud.

Elsa narrowed her eyes. "I don't know, but we're about to find out."

They crept closer to the cabin, trying to be as quiet as possible. The door was slightly ajar, and inside they could hear faint noises—clinking, clattering, and the unmistakable sound of... slurping?

Elsa peeked through the gap in the door and gasped. Inside the cabin was a large, furry creature with long ears and a bushy tail. It was unlike anything Elsa had ever seen before. The creature was hunched over a table, its back turned to them, and on the table were several large tubs of ice cream—Mr. Frost's ice cream!

"Oskar, look!" Elsa whispered. "That must be the ice cream thief!"

Oskar peeked in and nearly jumped out of his shoes. "What is that thing?"

"I don't know," Elsa replied, "but we have to stop it before it eats all the ice cream!"

They needed a plan. Elsa noticed a large sack in the corner of the cabin, probably used for storing food. If they could distract the creature, they might be able to stuff the ice cream into the sack and make a run for it.

"Okay, here's the plan," Elsa whispered. "You make a noise to get its attention, and I'll grab the ice cream."

Oskar nodded, though he didn't look thrilled about being the distraction. He picked up a small stone and tossed it into the cabin, where it landed with a loud clatter. The creature immediately spun around, revealing its face—a face that was surprisingly cute, with big, round eyes and a button-like nose.

The creature growled softly, but instead of charging at them, it hesitated, its eyes darting nervously around the room. It looked more scared than angry.

"Now!" Elsa hissed.

She dashed into the cabin and began stuffing the tubs of ice cream into the sack as fast as she could. The creature watched her, but it didn't move. It just stood there, its eyes wide with fear.

Elsa paused, her hands hovering over the last tub. "Wait a minute," she said slowly. "I don't think it's trying to hurt anyone. I think it's just hungry."

Oskar, who had been poised to run, lowered his arms. "You think so?"

Elsa nodded. "Look at it. It's scared of us."

The creature whimpered softly, as if to confirm her words.

"But it still stole the ice cream," Oskar pointed out.

"I know," Elsa said, thinking hard. "Maybe it didn't know where else to get food. We should try talking to it."

Elsa took a deep breath and stepped closer to the creature. "Hello," she said gently. "We're not going to hurt you. We just want to know why you took the ice cream."

The creature blinked at her, then slowly lowered its head, as if in shame. It made a few soft, grunting noises that sounded almost like words.

Elsa's eyes widened. "I think it's trying to talk!"

The creature grunted again, and this time Elsa could just make out the word, "Hungry."

Oskar's jaw dropped. "Did it just say 'hungry'?"

"Yes!" Elsa exclaimed. "It must have been starving, and the ice cream was the only food it could find."

The creature nodded vigorously, its ears flopping.

"Well, that explains why it took the ice cream," Oskar said, scratching his head. "But what do we do now?"

Elsa thought for a moment. "We need to bring the ice cream back to Mr. Frost, but we can't just leave this poor thing here with nothing to eat."

She glanced around the cabin, spotting a basket of berries on a shelf. "What if we offer it some berries in exchange for the ice cream?"

The creature's eyes lit up at the sight of the berries, and it nodded eagerly.

"Okay, then," Elsa said with a smile. "It's a deal."

She handed the creature the basket of berries, and in return, it pushed the sack of ice cream towards them. It even added a few extra tubs that Elsa hadn't noticed before.

"Thank you," Elsa said, and the creature responded with a soft, grateful grunt.

As they left the cabin and headed back towards the village, Oskar couldn't stop smiling. "I can't believe we just negotiated with a... whatever that was!"

"Me neither," Elsa laughed. "But I'm glad we did. I think it just needed some help."

When they returned to Lilla Sjöstad, the whole village was in an uproar. Mr. Frost had spread the word about the missing ice cream, and now everyone was worried that the summer would be ruined.

But when Elsa and Oskar arrived in the square, dragging the sack behind them, a cheer went up from the crowd.

"Look! It's Elsa and Oskar! They've found the ice cream!" someone shouted.

Mr. Frost rushed over, his face breaking into a wide grin. "You found it! I can't believe it! How did you do it?"

Elsa and Oskar exchanged glances, unsure of how to explain the strange creature in the forest. "It's a long story," Elsa said finally. "But let's just say we made a new friend."

Mr. Frost beamed. "Well, however you did it, I'm just glad to have my ice cream back. The village won't forget this!"

And they didn't. That summer, the ice cream shop was busier than ever, and Mr. Frost even added a new flavor to his menu: "Forest Berry Surprise," in honor of the mysterious creature that had helped make the summer unforgettable.

As for Elsa and Oskar, they never did see the creature again, but they knew it was out there, somewhere in the forest, living happily ever after on a diet of berries—and maybe, just maybe, the occasional tub of ice cream.

Milo och Mysteriet med Midnattsälgen

Milo Svensson var en smart tolvåring med en vild fantasi. Han bodde i den lilla svenska staden Skogsby, där den högsta byggnaden var klocktornet och det största evenemanget på året var midsommarfestivalen. Skogsby var en fredlig plats, omgiven av djupa skogar och glimrande sjöar. Det hände sällan något där—tills en mycket märklig natt.

Det hela började när Milo väcktes av ett konstigt ljud utanför sitt fönster. Det var ett mjukt, dunkande ljud, som om någon smög omkring i trädgården. Milo satte sig upp i sängen, hjärtat bultande. Vad kunde det vara? Han grep tag i sin ficklampa och smög fram till fönstret, försiktig så att han inte väckte sin lillasyster Alma, som snarkade mjukt i sängen bredvid hans.

När han tittade ut kunde han inte tro sina ögon. Där, mitt i trädgården, stod en jätteälg! Men detta var inte vilken älg som helst. Den hade på sig en lysande gul hatt och... var det solglasögon?

Milo gnuggade sina ögon och tittade igen, men älgen var fortfarande där, och betade på fru Anderssons prisbelönta tulpaner. Älgen vände sitt huvud mot Milo, och för ett ögonblick möttes deras ögon. Milo frös till, ficklampan skakade i hans hand. Älgen stirrade på honom, och gav sedan ett stort, tandigt leende—ja, ett leende!—innan den nonchalant traskade iväg in i skogen.

Milo stod kvar där i några minuter, och försökte bearbeta vad han just sett. En älg som hade hatt och solglasögon? Det var något som hände i en av hans berättelser, inte i verkliga livet! Han var tvungen att berätta för någon, men vem skulle tro honom? Han bestämde sig för att vänta till morgonen för att dela sin bisarra upplevelse.

Dagen efter i skolan kunde Milo knappt koncentrera sig. Han sprudlade av att berätta för någon om älgen, men han visste att hans vänner förmodligen bara skulle skratta åt honom. Vid lunchtid kunde han inte hålla sig längre. Han beslutade sig för att berätta för sin bästa vän, Felix, som var känd för att vara öppensinnad.

"Felix, du kommer inte tro vad jag såg igår kväll," viskade Milo när de satt under ett träd på skolgården.

"Vad?" frågade Felix, medan han tuggade på sin smörgås.

"Jag såg en älg i min trädgård," började Milo.

Felix höjde på ögonbrynen. "Okej, det är inte så konstigt. Vi bor ju i Sverige, trots allt."

"Men den här älgen hade på sig en hatt och solglasögon!"

Felix slutade tugga och stirrade på Milo. "Menar du allvar?"

"Jag svär det!" insisterade Milo. "Den åt blommorna, och sedan log den mot mig!"

Felix lade ner sin smörgås och lutade sig närmare. "Det är... galet. Är du säker på att du inte drömde det?"

"Jag är säker," sa Milo. "Det var verkligt, och det var det konstigaste jag någonsin har sett."

Felix tänkte en stund. "Tja, om det du säger är sant, måste vi ta reda på mer. Kanske älgen bor i skogen. Vi kan gå och leta efter den efter skolan."

Milo log. "Jag hoppades att du skulle säga så!"

När skoldagen äntligen tog slut sprang Milo och Felix hem för att hämta sina ryggsäckar, som de fyllde med snacks, vatten och några verktyg som kunde komma till nytta. De möttes vid skogsbrynet, samma plats där älgen hade försvunnit kvällen innan.

Skogen var tät med träd och buskar, och marken var täckt av ett lager av mossa. När de gick djupare in i skogen bleknade solljuset, och luften blev kallare. Fåglar kvittrade ovanför, och det sporadiska prasslet i buskarna fick dem att hoppa till.

"Så, var tror du att den här älgen kan gömma sig?" frågade Felix, medan han tittade sig nervöst omkring.

"Jag är inte säker," erkände Milo. "Men om vi fortsätter kanske vi hittar några ledtrådar."

De gick i vad som kändes som timmar, utan något tecken på älgen. Just när de började tappa hoppet snubblade de över en liten glänta. I mitten av gläntan stod en gammal träkoja. Dörren var lite på glänt, och ett svagt ljus fladdrade inifrån.

"Tror du att någon bor här?" viskade Felix.

"Det finns bara ett sätt att ta reda på det," svarade Milo, hans nyfikenhet övervägde rädslan.

De smög närmare kojan och kikade genom öppningen i dörren. Inuti såg de något verkligen förbluffande. Älgen satt i en stor, överfylld fåtölj och läste en tidning! Den gula hatten balanserade på dess huvud, och solglasögonen vilade på dess snut.

Milo och Felix utbytte stora, förvånade blickar. Detta var ännu konstigare än de hade föreställt sig!

Plötsligt tittade älgen upp från sin tidning och fick syn på dem. "Ah, besökare!" sa den med en djup, vänlig röst. "Kom in, kom in! Ingen anledning att vara blyg."

Milo och Felix tvekade ett ögonblick, men deras nyfikenhet vann. De steg in i kojan, och älgen vinkade åt dem att sätta sig på ett par små pallar vid elden.

"Välkomna till min blygsamma boning," sa älgen och lade tidningen åt sidan. "Mitt namn är Magnus, men ni kan kalla mig Gus."

Milo blinkade. "Du... kan prata?"

"Naturligtvis kan jag prata!" skrattade Gus. "Bara för att jag är en älg betyder det inte att jag inte har en hjärna, vet du."

Felix kämpade fortfarande med att förstå situationen. "Men... hur? Jag menar, älgar ska inte prata eller ha på sig hattar eller bo i kojor!"

Gus suckade. "Jag antar att jag skyller på er pojkar att ge en förklaring. Ni ser, jag har inte alltid varit så här. Jag brukade vara en vanlig älg som levde ett enkelt liv i skogen. Men en dag snubblade jag över ett gammalt, magiskt ekträd djupt inne i skogen. Jag visste inte att det var magiskt då, förstås. Jag letade bara efter några goda blad att mumsa på. Men så fort jag tog en tugga förändrades allt."

"Vad hände?" frågade Milo, lutande sig framåt.

"Tja," fortsatte Gus, "plötsligt kunde jag tänka och prata som en människa! Jag hittade denna koja inte långt efter, och jag har bott här sedan dess. Jag försöker hålla mig för mig själv, men ibland blir jag nyfiken på människovärlden. Det är därför jag vandrade in i er trädgård igår kväll, unge Milo."

Milas mun föll öppen. "Du känner mitt namn?"

Gus nickade. "Åh, jag vet mycket. Jag har observerat folket i Skogsby i flera år. Du och din syster Alma bor i det lilla röda huset vid sjön, gör ni inte?"

Milo och Felix var mållösa. Detta var det mest otroliga de någonsin hade hört.

Gus log vänligt mot dem. "Oroa er inte, jag är inte farlig. Jag gillar bara att se vad ni människor sysslar med då och då. Men jag måste säga, jag är mycket imponerad av att ni hittade mig. Inte många människor vågar sig så här djupt in i skogen."

Felix fann äntligen sin röst. "Så, vad gör du här, helt ensam?"

"Åh, jag håller mig sysselsatt," sa Gus och vinkade med en hov. "Jag läser böcker, målar bilder och ibland skriver jag poesi. Men jag måste erkänna att det blir ensamt. Det är därför jag var så glad att se er två!"

Milo och Felix utbytte blickar. De hade just träffat en pratande älg som bodde i skogen och skrev poesi. Det var allt för surrealistiskt.

"Vill ni stanna för lite te?" erbjöd Gus. "Jag har just bryggt en ny kanna."

"Te med en älg?" viskade Felix till Milo. "Det här blir konstigare för varje minut."

Men Milo var nyfiken. "Självklart, vi stannar för te."

Gus strålade av glädje och skyndade sig över till spisen, där en vattenkokare försiktigt ångade. Han hällde upp tre koppar te och räckte dem till Milo och Felix, som sippade försiktigt. Teet var överraskande gott, med en hint av vilda bär.

När de drack berättade Gus historier om sitt liv i skogen, om de djur han hade blivit vän med och de äventyr han hade haft. Milo och Felix lyssnade, fascinerade av berättelserna om det magiska ekträdet och de andra varelserna som bodde i skogen.

"Blir du någonsin rädd här ute?" frågade Milo.

"Inte ofta," svarade Gus. "Men det finns vissa saker i skogen som jag undviker. Ju djupare du går, desto konstigare blir det. Det finns viskningar om varelser som är mycket äldre och klokare än jag. Men så länge jag håller mig nära kojan, är jag säker."

Felix ryste. "Jag är glad att vi inte gick djupare in i skogen."

Gus skrattade. "Verkligen. Det är bäst att vara försiktig i dessa delar."

När solen började gå ner och kastade långa skuggor över skogen insåg Milo och Felix att det var dags att åka hem.

"Tack för teet, Gus," sa Milo och reste sig. "Och för att du delade dina berättelser med oss."

"Ni är mycket välkomna," sa Gus och log. "Och tack för att ni besökte en gammal älg som mig. Ni har lyst upp min dag."

Felix tvekade vid dörren. "Kommer vi... att se dig igen?"

Gus lutade på huvudet. "Kanske. Men kom ihåg, det ni har sett här måste förbli en hemlighet. Världen är inte redo för en pratande älg, jag är rädd."

Milo och Felix nickade allvarligt. "Vi lovar," sa de i kör.

Med det vinkade de hejdå till Gus och steg ut i gläntan. När de gick tillbaka genom skogen kändes äventyret de just hade upplevt som en dröm. Men de visste att det inte var en dröm—Gus var verklig, och hans hemlighet var säker hos dem.

När de nådde kanten av skogen vände sig Milo mot Felix. "Tror du att någon skulle tro oss om vi berättade det?"

Felix log. "Inte en chans. Men det är just det som gör det till vårt hemliga äventyr."

Milo log tillbaka. "Ja, du har rätt."

När de gick hem under den lysande skymningshimlen visste de att de just hade upplevt något verkligen magiskt. Och även om de skulle hålla Gus hemlig visste de att deras vänskap med den mystiska älgen skulle stanna kvar hos dem för alltid.

Den kvällen, när Milo låg i sängen, tänkte han på Gus och den magiska skogen. Han undrade om det fanns andra varelser där ute som väntade på att bli upptäckta. Men en sak var säker—han skulle aldrig glömma dagen han mötte en älg som älskade poesi, te och en bra hatt.

Och så, i den lilla staden Skogsby, delade två pojkar en hemlighet som ingen annan någonsin skulle få veta—en hemlighet om en magisk älg och mysteriet med midnattsskogen.

Milo and the Mystery of the Midnight Moose

Milo Svensson was a clever twelve-year-old boy with a wild imagination. He lived in the small Swedish town of Skogsby, where the tallest building was the clock tower, and the biggest event of the year was the Midsummer Festival. Skogsby was a peaceful place, surrounded by deep forests and shimmering lakes. Nothing much ever happened there—until one very strange night.

It all began when Milo was woken up by a strange noise outside his window. It was a soft, thumping sound, like someone was tiptoeing around the garden. Milo sat up in bed, his heart racing. What could it be? He grabbed his flashlight and crept to the window, careful not to wake his little sister, Alma, who was snoring softly in the bed next to his.

When he looked outside, he couldn't believe his eyes. There, standing in the middle of the garden, was a giant moose! But this wasn't just any moose. It was wearing a bright yellow hat and... were those sunglasses?

Milo rubbed his eyes and looked again, but the moose was still there, munching on Mrs. Andersson's prized tulips. The moose turned its head towards Milo, and for a moment, their eyes met. Milo froze, his flashlight trembling in his hand. The moose stared at him, then gave a big, toothy grin—yes, a grin!—before casually strolling away into the forest.

Milo stood there for a few minutes, trying to process what he'd just seen. A moose wearing a hat and sunglasses? That was the kind of thing that happened in one of his stories, not in real life! He had to tell someone, but who would believe him? He decided to wait until morning to share his bizarre encounter.

The next day at school, Milo could hardly concentrate. He was bursting to tell someone about the moose, but he knew that his friends would probably just laugh at him. By lunchtime, he couldn't keep it in any longer. He decided to tell his best friend, Felix, who was known for being open-minded.

"Felix, you won't believe what I saw last night," Milo whispered as they sat under a tree in the schoolyard.

"What?" Felix asked, biting into his sandwich.

"I saw a moose in my garden," Milo began.

Felix raised an eyebrow. "Okay, that's not so weird. We live in Sweden, after all."

"But this moose was wearing a hat and sunglasses!"

Felix stopped chewing and stared at Milo. "Are you serious?"

"I swear it!" Milo insisted. "It was eating the flowers, and then it smiled at me!"

Felix put down his sandwich and leaned closer. "That's... insane. Are you sure you didn't dream it?"

"I'm sure," Milo said. "It was real, and it was the strangest thing I've ever seen."

Felix thought for a moment. "Well, if what you're saying is true, we have to find out more. Maybe the moose lives in the forest. We could go searching for it after school."

Milo grinned. "I was hoping you'd say that!"

When the school day finally ended, Milo and Felix raced home to grab their backpacks, filling them with snacks, water, and a few tools that might come in handy. They met up at the edge of the forest, the same place where the moose had disappeared the night before.

The forest was thick with trees and bushes, and the ground was covered in a blanket of moss. As they walked deeper into the woods, the sunlight faded, and the air grew cooler. Birds chirped overhead, and the occasional rustle in the bushes made them jump.

"So, where do you think this moose might be hiding?" Felix asked, glancing around nervously.

"I'm not sure," Milo admitted. "But if we keep going, maybe we'll find some clues."

They walked for what felt like hours, with no sign of the moose. Just when they were starting to lose hope, they stumbled upon a small clearing. In the middle of the clearing was an old wooden shack. The door was slightly open, and a faint light flickered inside.

"Do you think someone lives here?" Felix whispered.

"Only one way to find out," Milo replied, his curiosity outweighing his fear.

They crept closer to the shack and peeked through the gap in the door. Inside, they saw something truly astonishing. The moose was sitting on a large, overstuffed armchair, reading a newspaper! The yellow hat was perched on its head, and the sunglasses were resting on its snout.

Milo and Felix exchanged wide-eyed looks. This was even weirder than they had imagined!

Suddenly, the moose looked up from its newspaper and spotted them. "Ah, visitors!" it said in a deep, friendly voice. "Come in, come in! No need to be shy."

Milo and Felix hesitated for a moment, but their curiosity got the better of them. They stepped inside the shack, and the moose motioned for them to sit on a couple of small stools by the fireplace.

"Welcome to my humble abode," the moose said, setting the newspaper aside. "My name is Magnus, but you can call me Gus."

Milo blinked. "You... can talk?"

"Of course I can talk!" Gus chuckled. "Just because I'm a moose doesn't mean I don't have a brain, you know."

Felix was still trying to wrap his head around the situation. "But... how? I mean, moose aren't supposed to talk or wear hats or live in shacks!"

Gus sighed. "I suppose I owe you boys an explanation. You see, I wasn't always like this. I used to be an ordinary moose, living a simple life in the forest. But one day, I stumbled upon an old, magical oak tree deep in the woods. I didn't know it was magical at the time, of course. I was just looking for some tasty leaves to munch on. But as soon as I took a bite, everything changed."

"What happened?" Milo asked, leaning forward.

"Well," Gus continued, "suddenly, I could think and speak like a human! I found this shack not long after, and I've been living here ever since. I try to keep to myself, but sometimes I get curious about the human world. That's why I wandered into your garden last night, young Milo."

Milo's mouth fell open. "You know my name?"

Gus nodded. "Oh, I know a lot of things. I've been observing the people of Skogsby for years. You and your sister Alma live in the little red house by the lake, don't you?"

Milo and Felix were speechless. This was the most incredible thing they had ever heard.

Gus smiled kindly at them. "Don't worry, I'm not dangerous. I just like to see what you humans are up to every now and then. But I must say, I'm very impressed that you found me. Not many people venture this deep into the forest."

Felix finally found his voice. "So, what do you do out here, all by yourself?"

"Oh, I keep busy," Gus said, waving a hoof. "I read books, paint pictures, and sometimes I write poetry. But it does get lonely, I must admit. That's why I was so happy to see you two!"

Milo and Felix exchanged glances. They had just met a talking moose who lived in the forest and wrote poetry. It was all too surreal.

"Would you like to stay for some tea?" Gus offered. "I've just brewed a fresh pot."

"Tea with a moose?" Felix whispered to Milo. "This is getting weirder by the minute."

But Milo was intrigued. "Sure, we'll stay for tea."

Gus beamed and shuffled over to the stove, where a kettle was gently steaming. He poured three cups of tea and handed them to Milo and Felix, who sipped cautiously. The tea was surprisingly delicious, with a hint of wild berries.

As they drank, Gus told them stories about his life in the forest, about the animals he had befriended, and the adventures he'd had. Milo and Felix listened, captivated by the tales of the magical oak tree and the other creatures who lived in the forest.

"Do you ever get scared out here?" Milo asked.

"Not often," Gus replied. "But there are some things in the forest even I steer clear of. The deeper you go, the stranger it gets. There are whispers of creatures much older and wiser than me. But as long as I stay near the shack, I'm safe."

Felix shivered. "I'm glad we didn't go any deeper into the woods."

Gus chuckled. "Indeed. It's best to be cautious in these parts."

As the sun began to set, casting long shadows across the forest, Milo and Felix realized it was time to head back home.

"Thank you for the tea, Gus," Milo said, standing up. "And for sharing your stories with us."

"You're very welcome," Gus said, smiling. "And thank you for visiting an old moose like me. You've brightened my day."

Felix hesitated at the door. "Will we... see you again?"

Gus tilted his head. "Perhaps. But remember, what you've seen here must remain a secret. The world isn't ready for a talking moose, I'm afraid."

Milo and Felix nodded solemnly. "We promise," they said in unison.

With that, they waved goodbye to Gus and stepped out into the clearing. As they walked back through the forest, the adventure they had just experienced felt like a dream. But they knew it wasn't a dream—Gus was real, and his secret was safe with them.

When they reached the edge of the forest, Milo turned to Felix. "Do you think anyone would believe us if we told them?"

Felix grinned. "Not a chance. But that's what makes it our secret adventure."

Milo smiled back. "Yeah, you're right."

As they walked home under the glowing twilight sky, they knew that they had just experienced something truly magical. And even though they would keep Gus a secret, they knew that their friendship with the mysterious moose would stay with them forever.

That night, as Milo lay in bed, he thought about Gus and the magical forest. He wondered if there were other creatures out there, waiting to be discovered. But one thing was certain—he would never forget the day he met a moose who loved poetry, tea, and a good hat.

And so, in the little town of Skogsby, two boys shared a secret that no one else would ever know—a secret about a magical moose and the mystery of the midnight forest.

Adan den Äventyrliga Tomten

I den snöiga byn Svedberg, gömd i hjärtat av Sverige, bodde en liten tomte vid namn Adan. Nu är en tomte lite som en gnome, men med mer charm, och de är kända för att föra med sig tur och hjälpa till med sysslorna på gården. Adan var dock en ganska ovanlig tomte. Medan de flesta tomtar älskade inget mer än att tyst sköta sina plikter, hade Adan en omättlig törst efter äventyr.

Adan var kort, med ett fluffigt vitt skägg som såg ut som ett moln och en ljusröd mössa som hängde över ett öga. Han bodde i ett litet trähus vid kanten av en vidsträckt skog, som både var vacker och mystisk. Byns invånare beundrade Adan för hans hjälpsamhet, men de oroade sig också för hans vilda idéer och förmåga att hamna i trubbel.

En kall vintermorgon vaknade Adan med en särskilt rastlös känsla. Frostet klamrade sig fast vid fönstren i hans lilla hem, men solljuset glittrade på snön och inbjöd honom utanför. "Idag är dagen!" utropade han för sig själv, stående på tå och sträckte sina armar brett. "Idag ska jag utforska de Viska Skogarna!"

De Viska Skogarna låg precis bortom byn, och även om de var häpnadsväckande med sina höga tallar och glittrande istappar, varnade byborna alltid sina barn för att gå dit. "Gå inte för långt," sa de. "Skogen är förtrollad, och du vet aldrig vad som kan hända!"

Adan skrattade åt deras varningar. "Förtrollade skogar? Låter som ett strålande äventyr!" Han stoppade fickorna fulla med snacks—några torkade lingon och några små pepparkakor—och tog på sig sin favoritscarf, som var stickad med livfulla mönster. Sedan, med en beslutsam glimt i ögat, steg han ut och började sin resa.

Snön knarrade under Adans små stövlar när han tog sig mot skogen. Träden stod stolta och resliga, deras grenar tunga av glittrande snö. När han gick in i skogen kände han en rysning av spänning genom sig. Solljuset filtrerade genom grenarna och kastade magiska skuggor runt omkring.

Efter att ha gått en stund fick Adan syn på en liten glänta. I mitten stod ett enormt, gammalt ekträd, vars stam var tjock och knotig. Adan närmade sig det och tittade noga på trädets bark, som var täckt av konstiga, virvlande mönster. "Detta måste vara hjärtat av de Viska Skogarna!" utropade han.

Precis när han rörde vid trädet hörde Adan en mjuk röst viska, "Välkommen, lilla tomte."

Chockad hoppade Adan tillbaka. "Vem är där?" ropade han och såg sig omkring.

"Jag är Skogarnas Ande," svarade rösten. "Och du har gått in i mitt rike. Vad för dig hit, Adan den Äventyrliga?"

Adan var stum av förvåning. "Du känner mitt namn?"

"Visst," sa Anden med ett skratt. "Tomtar är kända för skogen. Vi ser dig skynda runt i byn, hjälpa barnen och sprida glädje."

Adan kände en våg av stolthet. "Jag vill bara hjälpa till, och jag älskar äventyr!" förklarade han, hans lilla hjärta bultande av entusiasm.

"Då kanske du är den tomte jag har väntat på," sa Anden eftertänksamt. "Jag behöver en modig följeslagare för en uppdrag. Kommer du att hjälpa mig?"

Adans ögon glittrade av spänning. "Ett uppdrag? Åh, ja! Vad behöver du att jag gör?"

"Det finns en gömd skatt djupt inne i skogen," förklarade Anden. "Det sägs att den ger den som är ren av hjärtat en enda önskan. Men den bevakas av Frosthäxorna, som inte låter någon passera utan en utmaning."

"En utmaning? Jag älskar utmaningar!" sa Adan och studsade på tårna.

"Väldigt bra," sa Anden, och med en virvelvind dök en lysande karta upp framför Adan. "Följ denna karta, och den kommer att leda dig till Frosthäxorna. Kom ihåg, klurighet och vänlighet kommer att vägleda dig."

Adan tog kartan och kände en rysning längs ryggraden. "Tack! Jag ska se till att vara klurig och vänlig," lovade han, hans ögon glittrande av beslutsamhet.

Med kartan i handen gav sig Adan av djupare in i skogen. När han gick knarrade snön under hans stövlar, och luften var fylld med doften av gran. Snart befann han sig framför en gnistrande blå sjö, vars yta glittrade som diamanter. I mitten av sjön stod ett ispalats, storslaget och majestätiskt.

"Är det här Frosthäxorna bor?" undrade Adan högt. Han kastade en blick på kartan och såg en pil som pekade rakt mot slottet. "Här går vi!"

Adan tog sig försiktigt över den frusna sjöytan, kände isen under sina fötter. När han nådde palatset lade han märke till två gestalter som stod vakt vid ingången. Det var Frosthäxorna, klädda i glittrande klänningar som funkade som stjärnorna, deras kalla hår flöt som snöströmmar.

"Vem vågar närma sig Ispalatset?" krävde en av häxorna, hennes röst skarp och befallande.

"Det är bara jag, Adan tomten!" sa han och försökte låta modig, även om han kände sig lite nervös. "Jag har kommit för att söka skatten som är gömd här inne!"

Häxorna utbytte blickar, deras ansiktsuttryck var svåra att tyda. "Och varför ska vi låta dig gå in?" frågade den andra häxan, hennes röst som en vinterbris.

"Jag har blivit utvald av Skogarnas Ande!" deklarerade Adan modigt och höll upp den lysande kartan. "Jag är här för att bevisa mitt värde!"

Den första häxan lyfte på ögonbrynet. "Mycket väl. Vi kommer att ge dig en utmaning, lilla tomte. Om du lyckas, får du gå in. Men om du misslyckas, måste du lämna denna plats och aldrig återvända."

Adan svalde men nickade beslutsamt. "Jag är redo!"

Den andra häxan log elakt. "Här är din utmaning. Vi kommer att ge dig tre gåtor. Lös dem korrekt, så får du passera. Men var medveten—om du svarar fel på ens en, kommer du att möta vår isiga vrede!"

"Gåtor? Jag älskar gåtor!" svarade Adan och puffade upp sitt bröst.

Den första häxan talade först. "Gåta ett: Jag talar utan mun och hör utan öron. Jag har ingen kropp, men jag kommer till liv med vinden. Vad är jag?"

Adan rynkade pannan och tänkte hårt. "Hmm... är det... ett eko?"

Häxorna såg på varandra, och nickade sedan. "Korrekt!"

"Uff! En avklarad, två kvar!" jublade Adan.

Den andra häxan fortsatte. "Gåta två: Jag är inte levande, men jag kan växa; jag har inga lungor, men jag behöver luft. Vad är jag?"

Adan klappade sig på hakan och mindes alla historier han hade hört. "Det måste vara... eld!"

"Väldigt bra," sa den första häxan, hennes isiga uppträdande mjuknade lite. "Nu till den sista gåtan: Ju mer av detta det finns, desto mindre ser du. Vad är det?"

Adans hjärta bultade när han tänkte hårt. "Hmm... det måste vara... mörker!"

Häxorna utbytte imponerade blickar, deras ögon glittrade av överraskning. "Du har svarat korrekt," deklarerade den första häxan. "Du får gå in i Ispalatset."

Adan kunde knappt tro det. Han hade gjort det! Han log från öra till öra när häxorna klev åt sidan och lät honom passera.

Inuti palatset var luften kall och fräsch, och väggarna glittrade av istappar som skimrade som juveler. Adan såg sig omkring med förundran och tog in den magnifika synen. I mitten av den stora hallen stod ett pedestaler, och på den vilade en glittrande kista.

Adan gick fram till kistan, hans hjärta bultade av spänning. "Är detta skatten?" frågade han.

Häxorna nickade. "Öppna den, men kom ihåg: du kan bara önska dig något som kommer att hjälpa andra."

Adan placerade sina små händer på kistan och öppnade den långsamt. Inuti hittade han en strålande gyllene nyckel. Den glittrade i ljuset, och han kunde känna dess värme även i det isiga palatset. "Vad gör den här nyckeln?" undrade han högt.

Den andra häxan svarade: "Denna nyckel kan låsa upp hjärtan hos dem som har gått vilse. Använd den klokt."

Adans sinne rusade med idéer. Han tänkte på alla byborna där hemma, särskilt sin vän Ingrid, som hade känt sig ensam sedan hennes familj flyttade. "Jag önskar att alla i Svedberg ska känna lycka och vänskap," deklarerade han.

Så snart orden lämnade hans mun började nyckeln lysa starkare. En mjuk, melodisk klang fyllde luften, och Adan kände en värme omsluta honom. Frosthäxorna log, deras isiga former glittrade som stjärnor.

"Du har valt klokt, unge tomte," sa den första häxan. "Ditt hjärta är rent, och din önskan är ädel."

Plötsligt började palatset att glittra och blekna. "Vad händer?" ropade Adan.

Den andra häxan försäkrade honom: "Du återvänder till din by. Din önskan kommer att uppfyllas, men endast om du tror på vänskapens magi."

I ett ljusets blixt befann sig Adan tillbaka i gläntan vid den gamla ekens fot. Han höll nyckeln hårt, kände dess värme i sina händer. Med en nyfunnen känsla av syfte sprang han tillbaka till Svedberg.

När han kom fram till byn såg han de bekanta ansiktena hos sina vänner och grannar. De höll på med sina dagliga rutiner, men Adan märkte att något var annorlunda. Folk log och skrattade, och en känsla av glädje fyllde luften.

Ingrid, som hade känt sig ensam, var omgiven av barn, alla lekte och delade berättelser. Adans hjärta svällde av glädje vid åsynen. "Det fungerade! Vänskapens magi!" utbrast han.

När natten föll och stjärnorna tindrade ovanför samlades byborna på torget för att fira. Adan delade sin äventyr, berättade om frosthäxorna och skatten han hade funnit. Byborna lyssnade med stora ögon, förtrollade av hans berättelse.

Och vad gäller Adan fortsatte han att sprida glädje och vänlighet vart han än gick. Hans äventyrliga anda ledde honom på många fler uppdrag, men inget så viktigt som det som förde lycka till hans by.

Och då och då, på de friska vinterkvällarna när stjärnorna sken starkt, fångade han en glimt av Ispalatset i fjärran, en påminnelse om dagen då han låste upp den sanna magin av vänskap.

Och så, i den snöiga byn Svedberg, blev en liten tomte vid namn Adan en legend—en påminnelse om att med ett vänligt hjärta och en äventyrsanda är allt möjligt.

Adan the Adventurous Tomte

In the snowy village of Svedberg, tucked away in the heart of Sweden, there lived a small tomte named Adan. Now, a tomte is a bit like a gnome, but with more charm, and they are known for bringing good luck and helping with chores around the farm. Adan was a rather peculiar tomte, though. While most tomtar loved nothing more than quietly tending to their duties, Adan had an insatiable thirst for adventure.

Adan was short, with a fluffy white beard that looked like a cloud and a bright red cap that flopped over one eye. He lived in a tiny wooden house at the edge of a vast forest, which was both beautiful and mysterious. The villagers adored Adan for his helpfulness, but they also worried about his wild ideas and knack for getting into trouble.

One chilly winter morning, Adan woke up feeling particularly restless. The frost clung to the windows of his little home, but the sunlight glimmered on the snow, inviting him outside. "Today is the day!" he declared to himself, standing on tiptoes and stretching his arms wide. "Today, I shall explore the Whispering Woods!"

The Whispering Woods were just beyond the village, and although they were breathtaking with their tall pines and twinkling icicles, the villagers always warned their children to stay away. "Don't go too far," they said. "The woods are enchanted, and you never know what might happen!"

Adan chuckled at their warnings. "Enchanted woods? Sounds like a splendid adventure!" He stuffed his pockets with snacks—some dried lingonberries and a few small gingerbread cookies—and put on his favorite scarf, which was knitted with vibrant patterns. Then, with a determined twinkle in his eye, he stepped outside and began his journey.

The snow crunched under Adan's little boots as he made his way toward the forest. The trees stood tall and proud, their branches heavy with glistening snow. As he entered the woods, he felt a shiver of excitement run through him. The sunlight filtered through the branches, casting magical shadows all around.

After walking for a while, Adan spotted a small clearing. In the center stood an enormous, ancient oak tree, its trunk thick and gnarled. Adan approached it, peering closely at the tree's bark, which was covered in strange, swirling patterns. "This must be the heart of the Whispering Woods!" he exclaimed.

Just as he touched the tree, he heard a soft voice whisper, "Welcome, little tomte."

Startled, Adan jumped back. "Who's there?" he called out, looking around.

"I am the Spirit of the Woods," the voice replied. "And you have entered my realm. What brings you here, Adan the Adventurous?"

Adan was speechless. "You know my name?"

"Indeed," the Spirit said with a chuckle. "Tomtar are known to the forest. We see you scurrying about the village, helping the children and spreading cheer."

Adan felt a swell of pride. "I just want to help, and I love adventure!" he declared, his little heart racing.

"Then perhaps you are the tomte I've been waiting for," the Spirit said thoughtfully. "I need a brave companion for a quest. Will you help me?"

Adan's eyes sparkled with excitement. "A quest? Oh, yes! What do you need me to do?"

"There is a hidden treasure deep within the forest," the Spirit explained. "It is said to grant the pure of heart a single wish. But it is guarded by the Frost Witches, who will not let anyone pass without a challenge."

"A challenge? I love challenges!" Adan said, bouncing on his toes.

"Very well," the Spirit said, and with a swirl of wind, a glowing map appeared in front of Adan. "Follow this map, and it will lead you to the Frost Witches. Remember, cleverness and kindness will guide you."

Adan took the map, feeling a thrill run down his spine. "Thank you! I'll make sure to be clever and kind," he promised, his eyes gleaming with determination.

With the map in hand, Adan set off deeper into the forest. As he walked, the snow crunched beneath his boots, and the air was filled with the scent of pine. Soon, he found himself in front of a sparkling blue lake, its surface glimmering like diamonds. In the middle of the lake stood an ice castle, towering and majestic.

"Is that where the Frost Witches live?" Adan wondered aloud. He glanced at the map and saw an arrow pointing straight toward the castle. "Here goes nothing!"

Adan carefully made his way across the frozen surface of the lake, feeling the ice beneath his feet. As he reached the castle, he noticed two figures standing guard at the entrance. They were the Frost Witches, dressed in shimmering gowns that sparkled like the stars, their icy hair flowing like streams of snow.

"Who dares approach the Ice Palace?" one of the witches demanded, her voice sharp and commanding.

"It's just me, Adan the tomte!" he said, trying to sound brave, though he felt a tiny bit nervous. "I've come to seek the treasure hidden within!"

The witches exchanged glances, their expressions unreadable. "And why should we let you enter?" the second witch asked, her voice like a winter breeze.

"I have been chosen by the Spirit of the Woods!" Adan declared boldly, holding up the glowing map. "I'm here to prove my worth!"

The first witch raised an eyebrow. "Very well. We will give you a challenge, little tomte. If you succeed, you may enter. But if you fail, you must leave this place and never return."

Adan gulped but nodded resolutely. "I'm ready!"

The second witch smirked. "Here is your challenge. We will give you three riddles. Solve them correctly, and you shall pass. But be warned—if you answer even one incorrectly, you will face our icy wrath!"

"Riddles? I love riddles!" Adan replied, puffing out his chest.

The first witch spoke first. "Riddle one: I speak without a mouth and hear without ears. I have no body, but I come alive with the wind. What am I?"

Adan furrowed his brow, thinking hard. "Hmm... is it... an echo?"

The witches looked at each other, then nodded. "Correct!"

"Phew! One down, two to go!" Adan cheered.

The second witch continued. "Riddle two: I am not alive, but I can grow; I don't have lungs, but I need air. What am I?"

Adan tapped his chin, recalling all the stories he had heard. "It must be... fire!"

"Very good," the first witch said, her icy demeanor softening just a bit. "Now for the final riddle: The more of this there is, the less you see. What is it?"

Adan's heart raced as he thought hard. "Hmm... it has to be... darkness!"

The witches exchanged impressed glances, their eyes sparkling with surprise. "You have answered correctly," the first witch declared. "You may enter the Ice Palace."

Adan couldn't believe it. He had done it! He grinned from ear to ear as the witches stepped aside, allowing him to pass.

Inside the palace, the air was cool and crisp, and the walls sparkled with icicles that shimmered like jewels. Adan gazed around in awe, taking in the magnificent sight. In the center of the great hall stood a pedestal, and on it rested a glittering chest.

Adan approached the chest, his heart racing with excitement. "Is this the treasure?" he asked.

The witches nodded. "Open it, but remember: you can only wish for something that will help others."

Adan placed his tiny hands on the chest and opened it slowly. Inside, he found a radiant golden key. It sparkled in the light, and he could feel its warmth even in the icy palace. "What does this key do?" he wondered aloud.

The second witch replied, "This key can unlock the hearts of those who have lost their way. Use it wisely."

Adan's mind raced with ideas. He thought of all the villagers back home, especially his friend Ingrid, who had been feeling lonely since her family moved away. "I wish for everyone in Svedberg to feel happiness and friendship," he declared.

As soon as the words left his mouth, the key began to glow brighter. A soft, melodic chime filled the air, and Adan felt a rush of warmth envelop him. The Frost Witches smiled, their icy forms shimmering like stars.

"You have chosen wisely, young tomte," the first witch said. "Your heart is pure, and your wish is noble."

Suddenly, the palace began to shimmer and fade. "What's happening?" Adan cried out.

The second witch reassured him, "You are returning to your village. Your wish will be granted, but only if you believe in the magic of friendship."

In a flash of light, Adan found himself back in the clearing by the ancient oak tree. He clutched the key tightly, feeling its warmth in his hands. With a newfound sense of purpose, he raced back to Svedberg.

When he arrived at the village, he saw the familiar faces of his friends and neighbors. They were going about their daily routines, but Adan noticed something was different. People were smiling and laughing, and a sense of joy filled the air.

Ingrid, who had been feeling lonely, was surrounded by children, all playing and sharing stories. Adan's heart soared at the sight. "It worked! The magic of friendship!" he exclaimed.

As night fell and the stars twinkled overhead, the villagers gathered in the square to celebrate. Adan shared his adventure, telling them about the Frost Witches and the treasure he had found. The villagers listened with wide eyes, enchanted by his tale.

As for Adan, he continued to spread joy and kindness wherever he went. His adventurous spirit led him on many more quests, but none as important as the one that brought happiness to his village.

And every now and then, on the crisp winter nights when the stars shone bright, he would catch a glimpse of the Ice Palace in the distance, a reminder of the day he unlocked the true magic of friendship.

And so, in the snowy village of Svedberg, a little tomte named Adan became a legend—a reminder that with a kind heart and a spirit of adventure, anything is possible.